DUDEN

Mein erstes Wörterbuch

Auf dem Bauernhof

DUDENVERLAG
Mannheim · Leipzig · Wien · Zürich

DUDEN

Die deutsche Bibliothek – CIP-Einheitsaufnahme
Ein Titeldatensatz für diese Publikation ist bei
Der Deutschen Bibliothek erhältlich.

Fotografiert von Peter Anderson, Guy Farrow und Howard Shooter
Übersetzung und Lektorat: Susanne Klein

Das Wort DUDEN ist für den Verlag
Bibliographisches Institut & F. A. Brockhaus AG
als Marke geschützt.

Das Werk wurde in neuer Rechtschreibung verfasst.

Satz: Mitterweger & Partner, Plankstadt
Printed in Italy
ISBN 3-411-71071-3

Idee und Entwicklung: DK Dorling Kindersley
Originaltitel: **My First Farm Book**

Dank an folgende Fotografen und Agenturen:
Ardea London Ltd: 10ol, 10ul; Jean-Paul Ferrero 17mr; John Daniels 6or, 10or; Bruce Coleman Ltd: 36 ol, 36ml; Andrew Purcell 6mul; Atlantide 34m; Christer Fredrick Sandro Pratro 31or; Staffan Widstrand 16o, 36mor; Trevor Barrett 7u; Farmer's Weekly: 10m; Frank Lane Picture Agency: 5ul, 29ol; B.Borell 47ml; E&D Hosking 41ml; G Marcoaldi/ Panda 30ur; Roger Wilmshurst 45ol; Robert Harding Picture Library: 4ml © Michael Holford: 41mu; Nigel Cattlin 40mo; Holt Studios International: 37ul, 16ml; Christer Fredriksson 36m; Dennis Orchard 42or; Dr. Eckart Pott 34mo; Dr. Scott Nielsen 37mr; Geoff Dore 43ol; Gerald S. Cubitt 36 mu; Hans Reinhard 42m; John Shaw 37ol; Jorg & Petra Wegner 42ol; Julie Fryer 23 ol; Kevin Rushby 36mr; Kim Taylor 39mu; Leonard Lee Rue 33or; Neil Mcallister 8ol; Norbert Schwirtz 34mul; P. Kaya 31ul; David Burton 46mr; Gordon Roberts 9ol; IMC53396 38or; Inga Spence 41ul, 42ml, 42mr; Mary Cherry 8ml; Nigel Cattlin 5m, 6mo, 7mur, 8mr, 9ml, 10mo, 30ml, 31ml, 32ml, 32mr, 32mr, 33ml, 33mr, 36mor, 37ol, 37ml, 37m, 38ml, 38–39, 40ol, 40or, 43or, 46m; P. Karunakaran 35ur, 41mr; Richard Anthony 8ur; Rosemary Mayer 6ol; Saccharum officinarm 22ol; Sarah Rowland 10mu, 16ul, 16ur, 25ml; Silvestre Silva 40mr, 41ol; Willem Harinck 30ul, 40ml, 41or, 41mol; Image Bank: 31ol; D. Redfearn 5mr; Grant V. Faint 4mul; Images Colour Library: 5ml, 12ul; Holt Studios Ltd 22ml; Bob Langrish: 14ol, 17ur; N.h.p.a.: 34or; Eric Sodar 30or; Haroldo Palo Jr 36ul, Haroldo Palo Jr. 32ur; Martin Harvey 35ul; Pierre Petit 22or; Stephen Dalton 39mo; Oxford Scientific Films: 38 ol; Edward Parker 40m; G.I.Bernard 39or; Graham Cogbill 40mu; Martyn Chillmaid 13ml; Richard Packwood 16m; Planet Earth Pictures: 35ml; Adam Jones 35ol, Geoff du Feu 9m; J.M. Heap 32or; John Lythgoe 41m; Pete Atkinson 33ul; Tony Stone Images: 13ul; Nick Gunderson 7mor; Pal Hermanson 11mul; Richard A. Cooke III 7o; Robert Frerck 43ur; Telegraph Colour Library: 4m; 4ul; 22mo; M. Lynch 23 or.

l = links, r = rechts, m = Mitte, o = oben, u = unten

Inhalt

Auf dem Bauernhof

der Landwirt

der Zaun

der Sack

das Gatter

das Wohnhaus

die Scheune

der Silo

der Hof

die Katze

der Hund

die Hundehütte

die Felder

der Feldweg

die Strohballen

der Tierarzt

die Tränke

der Stall

Kühe

die Weide

der Kuhstall

der Futtertrog

der Melker

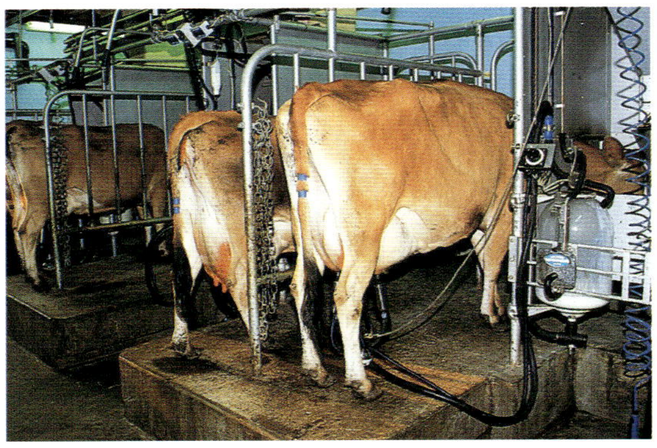

die Melkmaschine

die Milchkanne

die Rinderfarm

der Ochse

der Stier

die Büffelherde

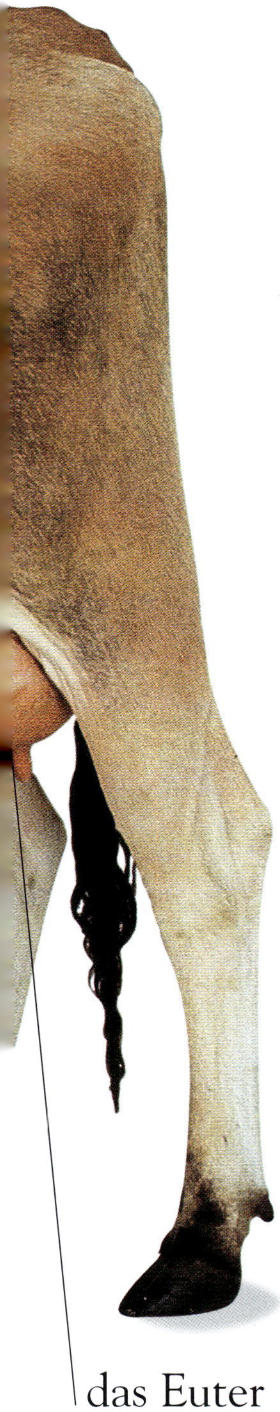

das Euter

die Milch

die Butter

der Käse

der Jogurt

die Sahne

Schafe

der Schäferstock

die Schafschur

der Schafbock

die Schafwolle

die Schafherde

die Schafwäsche

das Lamm

das Mutterschaf

der Pferch

Ziegen

die Ziegenherde

die Hörner

der Ziegenbock

die Melkmaschine

die Angoraziege

die Angorawolle

die Ziegenmilch

der Ziegenbart

die Ziege

das Zicklein

der Ziegenkäse

Schweine

der Schweinekoben

der Wassertrog

der Futterautomat

der Schwanz

der Eber

die Schnauze

die Ferkel

die Sau

das Schlammbad

das Hängebauchschwein

das Sattelschwein

Enten

das Entenhaus

die Flugente

die Rouenente

die Laufenten

der Erpel

die Ente

der Ententeich

die Enteneier

die Entenküken

Hühner

der Futterautomat

das Hühnerei

der Hühnerstall

Gänse und Truthähne

Ein Gänseküken schlüpft aus dem Ei.

die Gänseküken

die Gans

die Gänseherde

Gans und Gänserich mit ihren Küken

weiße Truthähne

der Truthahn

Im Pferdestall

der Pferdestall

das Pferdefutter

der Sattel

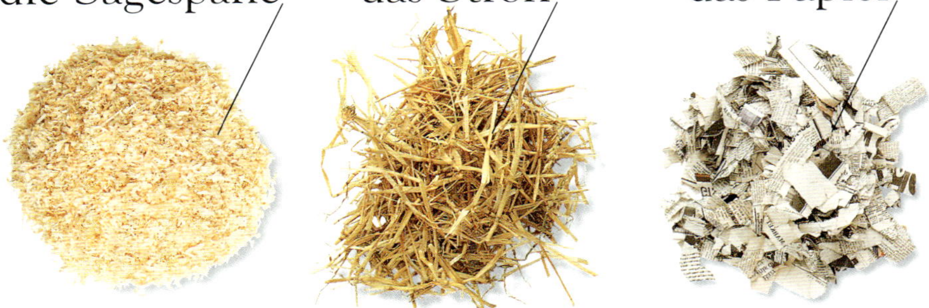

die Streu

der Schubkarren

das Heu

der Eimer, die Bürsten,
der Schwamm

die Mistgabel

der Besen

die Harke

die Schaufel

das Halfter
der Strick
die Handschuhe
das Gebiss
das Zaumzeug
die Gamaschen
die Reitkappe
die Gerte
der Reitstiefel
die Steigbügel
die Pferdedecke
das Pferd
das Hufeisen
der Mistboy
die Kardätsche
der Mähnenkamm
die Gummistiefel

Pferde

Die Rinderherde wird mit Pferden zusammengetrieben.

die Arbeitspferde

das Zugpferd

das Pony

der Hengst

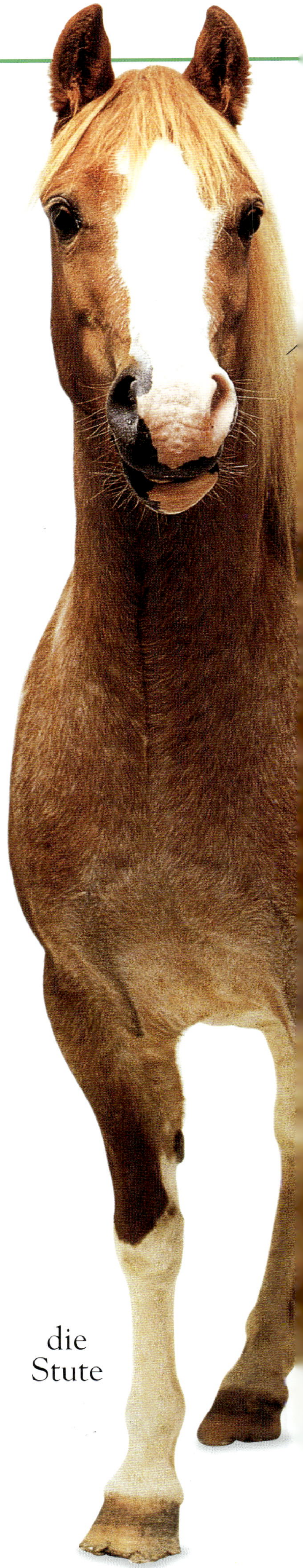

die Stute

die Mähne

der Pferdeanhänger

das Fohlen

der Huf

die Stange

das Springreiten

das Gestüt

das Pferderennen

Traktoren

vorne

die Dachluke

die Scheinwerfer

der Auspuff

die Fahrerkabine

die Trittstufen

der Kotflügel

hinten

die Anhängevorrichtung

das Rad

der Rück-
spiegel

das
Lenkrad

der Motor

die Motor-
haube

der Reifen

Traktor mit Drillingsbereifung

Traktor mit Raupenfahrwerk

der Raupen-
schlepper

Traktoren mit Zusatzgeräten

Traktor mit Frontpacker und Sämaschine

der Frontlader

die Rundballenpresse

der Pflug

die Feldspritze

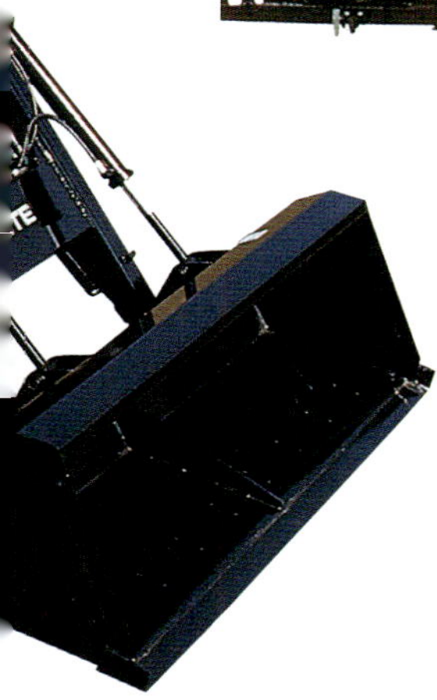

das Güllefass

der Frontlader mit Hubgabel

der Traktor

Erntemaschinen

der Zuckerrohr-Ernter

der Reis-Ernter

der Trauben-Vollernter

die Weizenernte

der Fahrersitz

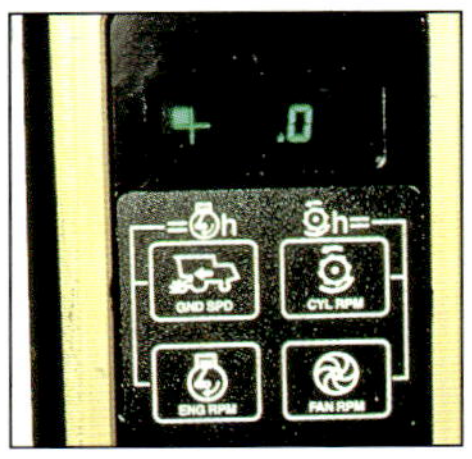
die Funktionstasten

die Haspelzinken

der Feldhäcksler

der Zuckerrüben-Vollernter

der Mähdrescher

von hinten

der Halmteiler

der Scheinwerfer

die Warnleuchte

die Trittstufen

Transport- und Ladefahrzeuge

der Kleintransporter

das Mehrzweckfahrzeug

der Teleskoplader

der Gelände-
transporter

der Viehtransport-Anhänger

der Milchtransporter

der Hoflader

das Ackermotorrad

das Geländefahrzeug

Gemüse

der Blumenkohl

die Radieschen

die Artischocken

die Zuckererbsen

die Gurke

die Stangenbohnen

der Spargel

der Salat

der Eierkürbis

der Chicorée

die Kartoffeln

die Paprikaschoten

die Auberginen

die Karotten

die Frühlings-
zwiebel

der Grünkohl

die Rote Bete

der Spinat

der Wirsingkohl

der Fenchel

der Rotkohl

der Kürbis

die Chilischoten

dicke Bohnen

die Schalotten

der Rosenkohl

der Rhabarber

die Zierkürbisse

der Radicchio

die Zwiebeln

die Tomaten

die Kirschtomaten

der Chinakohl

grüne Bohnen

die Brunnenkresse

die Zucchini

die Erbsen

der Stangensellerie

die Pastinaken

die Avocado

die Lauchstangen

der Knoblauch

weiße Rüben

die Okras

die Süßkartoffeln

der Brokkoli

der Mangold

Obst

die Birnen

die Reineclauden

der Obstgarten

die Äpfel

die Zwetschen

die Aprikosen

die Feigen

die Pflaumen

die Quitte

die Nektarinen

die Pfirsiche

die Kirschen

die Preiselbeerernte

die Preiselbeeren

die Erdbeeren

die Erdbeerernte

die Brombeeren

die Heidelbeeren

die Stachelbeeren

die Loganbeeren

die Johannisbeeren

die Himbeeren

die Boysenbeeren

die Blaubeeren

die Taybeeren

Zitrusfrüchte

die Satsumas

die Zitronen

der Zitronenbaum

die Clementinen

die Mandarinen

die Tangelo

die Limetten

die Kumquats

die Grapefruits

die Orangen

die Orangenbäume

Tropische Früchte

der Mangobaum

die Bananen

der Bananenbaum

die Mangos

die Guaven

die Sternfrüchte

die Passions-
früchte

die Litschis

die Ananasplantage

die Ananas

die Papaya

die Durianfrucht

Trauben und Oliven

blaue Trauben

der Weinberg

der Kelterbottich

weiße Trauben

die Rosinen

die Sultaninen

die Korinthen

der Wein

der Olivenhain

die Olivenernte

grüne Oliven

schwarze Oliven

das Olivenöl

Getreide

das Weizenfeld

der Weizen

der Hafer

der Roggen

die Gerste

das Mehl

das Maisfeld

der Maiskolben

die Cornflakes

das Reisfeld

Die Reispflanzen werden gesetzt.
die Reiskörner

Tee, Kaffee und Kakao

die Teeplantage

die Teepflückerin

der Teestrauch

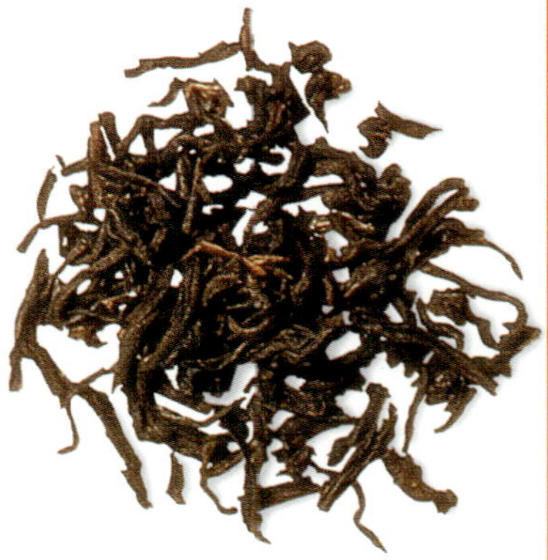
schwarzer Tee

der Kaffeestrauch

die Kaffeeernte

die Kaffee-
kirschen

die Kaffee-
bohnen

der Kakaobaum

die Kakaofrüchte

die Kakaobohnen

das Kakao-
pulver

die Schokolade

Zucker und Sirup

die Zuckerrübe

das Zuckerrohr

die Zuckerrohrernte

die Zuckerherstellung

der Kandiszucker

brauner Zucker

weißer Zucker

der Zuckerahorn

der Zapfhahn

der Ahornsirup

Honig

die Bienenstöcke

die Imkerei

die Biene

die Arbeiterin

die Drohne

die Königin

der Imker

die Schutz-
handschuhe

die Honigwabe

das Innere des
Bienenstocks

der Bienenschwarm

der Imkerhut

Die Bienen sammeln sich auf der Honigwabe.

die Honigzelle

die Pollenzelle die Brutzelle

Die Wachsdeckel werden entfernt.

der Wabenhonig

der Honig

die Bienenwachskerzen

Nüsse

der Pekannussbaum

die Pekannussfrüchte

die Pekannüsse

der Paranussbaum

Die Paranüsse werden sortiert.

die Paranüsse

die Kapselfrucht

die Kokosplantage

die Kokosfrüchte

das Kokosnussfleisch

die Kokosnuss

der Haselnussbaum

die Haselnussfrüchte

die Haselnussernte

die Haselnüsse

der Cashewbaum

die Cashewäpfel

die Cashewnüsse

der Mandelbaum

die Mandelfrüchte

die Mandeln

Blumen

die Dahlien

die Dahlienknolle

die Tulpen

die Gladiolen

der Lavendel

die Chrysanthemen

die Iris

die Rose

die Gerbera

die Sonnenblumen

die Sonnen-
blumenkerne

die Nelken

die Lilie

die Osterglocken

die Blumen-
zwiebel

die Orchideen

Tierstimmen

muh
muuh
muh

die Kühe

quak
quak

die Ente

määäh
määäh
mmääh

die Ziege

kikeriki

der Hahn

sum sum

die Biene

die Gans

bäh bääh bäh

die Schafe

quiek
quiek
quiek

die Ferkel

erk erk erk

fiep
fiep

die Maus

piep piep
piep piep
piep piep

die Küken

iiiiiieh

das Pferd

gobbel gobbel

der Truthahn

Farben

das schwarze Schaf

die weißen Eier

der blaue Traktor

das grüne Gras

die braune Erde

der lila Lavendel

die orangefarbenen Tangerinen

die rosa Rose

die roten Tomaten

der gelbe Mähdrescher

Zahlen

1 eine Wassermelone

2 zwei Enten

3 drei Kaktusfeigen

4 vier Kiwis

5 fünf Blüten

6 sechs Hufeisen

7 sieben Äpfel

8 acht Erbsen

9 neun Küken

10 zehn Kirschen

Wörterliste